A ARBITRAGEM NO NOVO CÓDIGO DE PROCESSO CIVIL: AUSÊNCIA DE NATUREZA JURISDICIONAL

TODOS OS DIREITOS RESERVADOS

JOEL DE LIMA PINEL JUNIOR

RIO DE JANEIRO

2017

DEDICATÓRIA

Seguindo o ensinamento do Sábio, dedico esta obra ao Senhor, pois "Consagre ao Senhor tudo o que você faz, e os seus planos serão bem-sucedidos." (Provérbios 16:3).

SUMÁRIO

DEDICATÓRIA	3
SUMÁRIO	4
INTRODUÇÃO	5
OS PRINCIPAIS DISPOSITIVOS DO NOVO CÓDIGO DE PROCESSO CIVIL A RESPEITO DA ARBITRAGEM	8
COMPARAÇÃO ENTRE O PROCESSO QUE ADMITA AUTOCOMPOSIÇÃO E O INSTITUTO ARBITRAGEM	42
CONCLUSÕES	69
REFERÊNCIAS	71

INTRODUÇÃO

O trabalho objetiva apresentar como o instituto da arbitragem está inserido no Novo Código de Processo Civil a partir de duas perspectivas diferentes (1) uma análise do regramento da arbitragem pelo Novo Código de Processo Civil; e (2) uma análise de como o instituto da arbitragem influenciou o regramento do processo civil que admita autocomposição pelo Novo Código de Processo Civil.

Para alcançar este objetivo a metodologia utilizada foi a revisão bibliográfica da literatura especializada, jurisprudência e da legislação pertinentes. Levando-se em consideração que o Novo Código de Processo Civil ainda é uma diploma normativo recente e passível de diversas interpretações que ainda não foram pacificadas pela jurisprudência.

O trabalho se justifica sob um ponto de vista dogmático-jurídico para aprofundar uma análise teórica do conteúdo normativo do artigo 3º do Novo Código de Processo Civil, que determina que o Estado promoverá, sempre que possível, a solução consensual dos conflitos e deva ser estimulada inclusive no curso do processo judicial a conciliação, a mediação e outros métodos de solução consensual de conflitos.

Deste modo, uma das preocupações do Legislador no Novo Código de Processo Civil foi privilegiar os métodos de solução consensual de conflitos, entre os quais se inclui a arbitragem. Neste contexto, embora tradicionalmente um código de processo civil seja vocacionado a regular o exercício da função jurisdicional pelos órgãos do Poder Judiciário, o Novo Código de Processo Civil rompe com esta tradição e passa a estabelecer uma ordem principiológica para a resolução de conflitos em geral, não necessariamente envolvendo a prestação da jurisdição.

O trabalho está estruturado da seguinte maneira:

O primeiro capítulo apresenta um panorama geral do regime jurídico da arbitragem como regulado no Novo Código de Processo Civil (NCPC), Lei Federal 13.105, de 16 de março de 2015, a partir da extração dos princípios e regras contidos nos dispositivos do NCPC sobre a arbitragem.

O segundo capítulo compara o regime jurídico do processo que verse sobre direitos que admitam autocomposição previsto no Novo Código de Processo Civil e o regime jurídico da arbitragem previsto pela Lei nº 9.307, de 23 de setembro de 1996.

Após os dois capítulos são apresentadas as conclusões gerais a respeito do instituto da arbitragem no Novo Código de Processo Civil que resultam na constatação de que não se adequa ao direito positivo qualificar a arbitragem como um método privado de prestação da jurisdição, na medida que trata-se de mero método heterocompositivo de resolução de controvérsias, não de uma delegação da função jurisdicional à pessoa privada, o árbitro.

Feita esta breve apresentação do trabalho como estruturado, da metodologia aplicada e dos objetivos da pesquisa, fica evidente que o trabalho apresenta um enfoque inovador acerca de um dos temas do Novo Código de Processo Civil por sua abordagem mais apegada ao direito positivo e desvinculada com posições doutrinárias que não se adequam ao direito positivo como legislado.

OS PRINCIPAIS DISPOSITIVOS DO NOVO CÓDIGO DE PROCESSO CIVIL A RESPEITO DA ARBITRAGEM

O objetivo do capítulo é apresentar um panorama geral do regime jurídico da arbitragem como regulado no Novo Código de Processo Civil (NCPC), Lei Federal 13.105, de 16 de março de 2015, a partir da extração dos princípios e regras contidos nos dispositivos do NCPC sobre a arbitragem.

Para cumprir este objetivo o passo inicial é localizar os dispositivos pertinentes no Novo Código de Processo Civil para a posterior interpretação gramatical e sistemática, de modo a resultar num panorama geral do regime jurídico na arbitragem como regulada na Lei 13.105/15.

De início, depreende-se duma análise geral dos dispositivos legais que os principais termos utilizados pela Lei 13.105/15 para se referir ao instituto da arbitragem são os termos "arbitragem" e "arbitral".

O termo "arbitragem" é utilizado 12 vezes ao longo do Novo Código de Processo Civil, especificamente nos artigos 3º, 189, 260, 337, 359, 485, 1.012, 1.015 e 1.061. Por sua vez, o termo "arbitral" é utilizado 13 vezes o longo do Novo Código de Processo Civil, especificamente nos artigos 42, 69, 189, 237, 260, 267, 337, 485, 515, 516, 960, 1.061.

Correlacionado o uso dos dois termos, pode-se enumerar os seguintes dispositivos legais em ordem topográfica e cardinal pertinentes ao instituto da arbitragem: artigos 3°, 42, 69, 189, 237, 260, 267, 337, 359, 485, 515, 516, 960, 1.012 e 1.061. Ao todo, somam-se 16 artigos destinados a regrar a arbitragem no novo código.

Devido a esta grande quantidade de dispositivos legais do Novo Código de Processo Civil dedicados ao regramento do instituto da arbitragem, percebe-se que o Legislador teve uma especial preocupação com o tema.

No que se segue, o objetivo do trabalho é extrair as normas jurídicas de cada um dos dispositivos legais acima enumerados, para obter um panorama geral do regime jurídico da arbitragem como regulado no Novo Código de Processo Civil.

O primeiro dos dispositivos é o artigo 3°, localizado na Parte Geral, Livro I - Das Normas Processuais Civis, Título Único - Das Normas Fundamentais e da Aplicação das Normas Processuais, Capítulo I - Das Normas Fundamentais do Processo Civil, abaixo:

>Art. 3° Não se excluirá da apreciação jurisdicional ameaça ou lesão a direito.

§ 1º É permitida a arbitragem, na forma da lei.

§ 2º O Estado promoverá, sempre que possível, a solução consensual dos conflitos.

§ 3º A conciliação, a mediação e outros métodos de solução consensual de conflitos deverão ser estimulados por juízes, advogados, defensores públicos e membros do Ministério Público, inclusive no curso do processo judicial.

Dentro do contexto das normas fundamentais do processo civil, o dispositivo distingue ao menos três formas diversas de solução de conflitos: 1) a solução consensual; 2) a apreciação jurisdicional; 3) a arbitragem. Dentro destas formas distintas de solução de conflitos, a apreciação jurisdicional e a arbitragem guardam a semelhança de constituirem métodos heterocompositivos de solução de conflitos e se diferenciam da autocomposição por este ser mecanismos de solução consensual do litígio.

Na linguagem do artigo 3º o Estado deve adotar três pautas de condutas diversas em relação a cada uma destas formas de solução de conflitos: 1) o Estado não deve excluir da apreciação jurisdicional ameaça ou lesão a direito; 2) o Estado deve permitir a arbitragem; 3) O Estado deve promover a solução consensual dos conflitos.

A partir destas três normas cujo destinatário é o Estado, percebe-se uma ordem objetiva de preferência na ordem jurídica para a solução do conflito:

Em primeiro lugar deve ser promovida a solução consensual, em segundo lugar o Estado deve disponibilizar a jurisdição, em terceiro lugar o Estado deve permitir a arbitragem.

A norma que impõe esta ordem objetiva de preferência na ordem jurídica para a solução do conflito não tem como destinatário apenas o Estado, mas também os sujeitos do processo (juízes, advogados, defensores públicos e membros do Ministério Público), que devem privilegiar a solução consensual em relação à solução jurisdicional. Assim, percebe-se uma inicial ordem objetiva de valores fundamentais do processo: a solução consensual deve ser valorada de modo preferencial à solução jurisdicional, isto é, a vontade das partes deve ser preferencial à vontade do Estado-Juiz.

Sobre esta ordem objetiva de valores extraídas das normas jurídicas é necessário recorrer ao pensamento do alemão Rudolf Smend documentado em suas obras durante o período da República de Weimar, publicações que não são de fácil acesso, tornando-se necessária recorrer a autores que comentam sua obra.

A ideia "ordem concreta de valores" na ordem jurídica parte da premissa de que o Estado é uma comunidade cultural ativa, em constante movimento da sociedade, que somente pode existir a partir de valores que a sustentem, valores vividos e experienciados (MAIA, 2010).

A partir desta compreensão dinâmica do Estado, os direitos fundamentais não traduzem apenas limites ao exercício do poder pelo Estado, mas também se revelam como valores objetivos para se exigir que a comunidade política adote certas programações decisórias (MAIA, 2010).

Para o que interessa no presente trabalho, é importante notar que os sujeitos do processo passam a ter como pauta de conduta decidir em primeiro lugar para a solução consensual de conflitos, a consensualidade é um valor jurídico objetivo extraído do artigo 3º do NCPC. Deste modo, tanto as partes como os demais participantes da dinâmica do processo devem orientar suas condutas para perseguir esta finalidade.

Feitas estas considerações, em que percebe-se a consensualidade como um valor jurídico a ser adotado pela comunidade jurídica como um todo, é importante perceber que a arbitragem contém consensos das partes que não são concebidos no processo judicial, na arbitragem as partes escolhem o procedimento, o direito material e a autoridade julgadora, isto é, a arbitragem envolve uma série de consensos a mais que o processo estatal.

Por este motivos, pode-se extrair do artigo 3º da Lei Federal 13.105, de 16 de março de 2015 uma ordem objetiva de valores fundamentais do direito processual: (1) a solução consensual deve ser privilegiada em relação à solução heterocompositiva, substitutiva da vontade das partes; (2) a solução heterocompositiva que contém conteúdo consensual maior deve ser privilegiada em relação à solução heterocompositiva de menor conteúdo consensual (menor substituição da vontade das partes é privilegiada). Assim, a comunidade política deve orientar-se pela seguinte conduta quando buscar resolver conflitos, dentro das possibilidades fáticas e jurídicas existentes: Primeiro a autocomposição direta (negociação), segundo a autocomposição assistida (mediação e conciliação), terceiro a arbitragem (heterocomposição com maior conteúdo consensual), quarto a jurisdição (heterocomposição com menor conteúdo consensual).

O próximo dispositivo a ser analisado é o artigo 42, localizado no Livro II - Da Função Jurisdicional, Título III - Da Competência Interna, Capítulo I - Da Competência, Seção I - Disposições gerais, abaixo:

> Art. 42. As causas cíveis serão processadas e decididas pelo juiz nos limites de sua competência, ressalvado às partes o direito de instituir juízo arbitral, na forma da lei.

A função jurisdicional civil é exercida pelos juízes e tribunais, tendo o exercício da função jurisdicional uma série de limitações e delimitações previamente estabelecidas pela legislação. O artigo 42 não estipula uma distinção entre a competência do juízo arbitral e a competência do juízo estatal.

No direito processual civil, a competência é responsável por conectar um certo grupo de litígios a determinados órgãos jurisdicionais (CINTRA, GRINOVER e DINAMARCO, 2012, p. 260). Por outro lado, os limites da jurisdição são responsáveis por discriminar os casos em que há exclusão da tutela jurisdicional, são casos de impossibilidade jurídica da demanda (CINTRA, GRINOVER e DINAMARCO, 2012, p. 176).

Esta distinção entre competência e limites da jurisdição é aplicável ao artigo 42 do Novo Código de Processo Civil. Isso, porque em certo caso concreto, mesmo tendo competência para conhecer o litígio, o juiz estatal tem limites para decidir o caso, limites ao exercício da jurisdição.

Se as partes documentaram a opção pelo exercício do direito de instituir juízo arbitral numa cláusula compromissória, o juízo estatal pode ter competência para conhecer do litígio, mas não para julgar o seu mérito.

A própria Lei de Arbitragem prevê uma hipótese de limites da prestação da jurisdição envolvendo atividade arbitral. No artigo 7º da Lei nº 9.307, de 23 de setembro de 1996, encontram-se as diretrizes para a atuação do juiz se for provocado a se manifestar quando existindo cláusula compromissória, houver resistência quanto à instituição da arbitragem: Ao juiz é vedado julgar o mérito do conflito submetido à arbitragem, ele deve procurar conciliar as partes, e a atividade substitutiva da jurisdição está limitada à sentença que valerá como compromisso arbitral, não ao julgamento do mérito do conflito a que as partes designaram o juízo arbitral.

Pelo raciocínio percebe-se que pela redação do artigo 42 do NCPC a jurisdição e a arbitragem não correspondem a duas formas diversas de exercício da jurisdição. Isso, porque mesmo em havendo as partes exercido o direito de instituir o juízo arbitral, desde que dentro de sua competência interna, cabe ao juiz exercer a jurisdição quando provocado, porém com as limitações impostas pela lei.

Deste modo, percebe-se que o juízo arbitral não divide a sua competência com o juízo estatal, nem presta função jurisdicional. Assim, o artigo 42 do NCPC não é uma limitação à competência do juízo estatal, mas uma limitação ao conteúdo decisório da decisão final, que deverá privilegiar o consenso das partes obtido na conciliação, ou o consenso das partes previamente documentado na cláusula compromissória.

Embora Dinamarco (2013) qualifique a atividade do árbitro como prestação da jurisdição cujo poder é investido pela convenção das partes autorizada pela Lei, tal compreensão da arbitragem não está consoante o Livro II do Novo Código de Processo Civil que trata da função jurisdicional.

O código estabelece que a jurisdição civil é exercida exclusivamente pelos juízes e tribunais, sendo o juízo arbitral um limite ao exercício da função jurisdicional, não um órgão autônomo de prestação da jurisdição. De modo que o artigo 42 não reparte competências entre juiz e árbitro, mas é destinado a limitar o exercício da função jurisdicional pelos juízes e tribunais, privilegiando o consenso das partes em instituir juízo arbitral.

O próximo dispositivo a ser analisado é o artigo 69 do Novo Código de Processo Civil, localizado no Livro II - Da Função Jurisdicional, Título III - Da Competência Interna, Capítulo II - Da Cooperação Nacional, abaixo:

> Art. 69. O pedido de cooperação jurisdicional deve ser prontamente atendido, prescinde de forma específica e pode ser executado como:
> I - auxílio direto;
> II - reunião ou apensamento de processos;
> III - prestação de informações;
> IV - atos concertados entre os juízes cooperantes.
> § 1º As cartas de ordem, precatória e arbitral seguirão o regime previsto neste Código.
> § 2º Os atos concertados entre os juízes cooperantes poderão consistir, além de outros, no estabelecimento de procedimento para:

I - a prática de citação, intimação ou notificação de ato;

II - a obtenção e apresentação de provas e a coleta de depoimentos;

III - a efetivação de tutela provisória;

IV - a efetivação de medidas e providências para recuperação e preservação de empresas;

V - a facilitação de habilitação de créditos na falência e na recuperação judicial;

VI - a centralização de processos repetitivos;

VII - a execução de decisão jurisdicional.

§ 3º O pedido de cooperação judiciária pode ser realizado entre órgãos jurisdicionais de diferentes ramos do Poder Judiciário.

O dispositivo é responsável por regulamentar o pedido de cooperação entre juízos prática de qualquer ato processual, que preside de forma específica. No que tange à arbitragem, o dispositivo exclui das formas de cooperação jurisdicional a carta arbitral, mesmo porque o árbitro não integra os órgãos do Poder Judiciário, nem exerce jurisdição. Maiores considerações sobre a cata arbitral serão realizadas no estudo do correspondente dispositivo legal.

Seguindo o estudo, o próximo dispositivo a ser analisado é o artigo 189 do Novo Código de Processo Civil, localizado no Livro IV - Dos Atos Processuais, Título I - Da Forma, do Tempo e do Lugar dos Atos Processuais, Capítulo I - Da Forma dos Atos Processuais, abaixo:

Art. 189. Os atos processuais são públicos, todavia tramitam em segredo de justiça os processos:

I - em que o exija o interesse público ou social;

II - que versem sobre casamento, separação de corpos, divórcio, separação, união estável, filiação, alimentos e guarda de crianças e adolescentes;

III - em que constem dados protegidos pelo direito constitucional à intimidade;

IV - que versem sobre arbitragem, inclusive sobre cumprimento de carta arbitral, desde que a confidencialidade estipulada na arbitragem seja comprovada perante o juízo.

§ 1º O direito de consultar os autos de processo que tramite em segredo de justiça e de pedir certidões de seus atos é restrito às partes e aos seus procuradores.

§ 2º O terceiro que demonstrar interesse jurídico pode requerer ao juiz certidão do dispositivo da sentença, bem como de inventário e de partilha resultantes de divórcio ou separação.

O artigo 189 do Novo Código de Processo Civil estipula uma regra a respeito da publicidade dos atos processuais que versem sobre arbitragem, quando houver confidencialidade estipulada na arbitragem e comprovada perante o juízo.

Cabe ressaltar que após a reforma da Lei de Arbitragem pela Lei nº 13.129, de 2015, a arbitragem que envolva a administração pública respeitará o princípio da publicidade, portanto, não se aplica a regra do sigilo de justiça do artigo 189, sendo necessariamente o correspondente processo público.

Sobre a publicidade da arbitragem envolvendo a Administração Pública, foi aprovado enunciado pelo Conselho da Justiça Federal na I Jornada "Prevenção e Solução Extrajudicial de Litígios": "4 Na arbitragem, cabe à Administração Pública promover a publicidade prevista no art. 2°, § 3°, da Lei n. 9.307/1996, observado o disposto na Lei n. 12.527/2011, podendo ser mitigada nos casos de sigilo previstos em lei, a juízo do árbitro.".

O enunciado 4 da I Jornada "Prevenção e Solução Extrajudicial de Litígios" não teve como finalidade interpretar o artigo 189 do Novo Código de Processo Civil, deste modo, o juiz deve promover a publicidade dos atos processuais que versem sobre arbitragem, quando a parte envolvida for a Administração Pública.

O próximo dispositivo é o artigo 237 do NCPC, localizado no Livro IV - Dos Atos Processuais, Título II - Da Comunicação dos Atos Processuais, Capítulo I - Disposições Gerais, abaixo:

> Art. 237. Será expedida carta:
> I - de ordem, pelo tribunal, na hipótese do § 2o do art. 236;

> II - rogatória, para que órgão jurisdicional estrangeiro pratique ato de cooperação jurídica internacional, relativo a processo em curso perante órgão jurisdicional brasileiro;
> III - precatória, para que órgão jurisdicional brasileiro pratique ou determine o cumprimento, na área de sua competência territorial, de ato relativo a pedido de cooperação judiciária formulado por órgão jurisdicional de competência territorial diversa;
> IV - arbitral, para que órgão do Poder Judiciário pratique ou determine o cumprimento, na área de sua competência territorial, de ato objeto de pedido de cooperação judiciária formulado por juízo arbitral, inclusive os que importem efetivação de tutela provisória.
> Parágrafo único. Se o ato relativo a processo em curso na justiça federal ou em tribunal superior houver de ser praticado em local onde não haja vara federal, a carta poderá ser dirigida ao juízo estadual da respectiva comarca.

O artigo 237 regulamenta carta arbitral como um instrumento de comunicação comunicação dos atos processuais entre órgão do Poder Judiciário e o juízo arbitral. É importante ressaltar que a redação do dispositivo se refere a cooperação judiciária, em linguagem imprópria, porque o juízo arbitral não integra órgão judicial.

No artigo 69, que regula a cooperação judiciária entre órgãos jurisdicionais consta a regra de que o pedido de cooperação judiciária pode ser realizado entre órgãos jurisdicionais de diferentes ramos do Poder Judiciário.

O artigo 237 tem o condão de expandir o pedido de cooperação judiciária ao árbitro, que, como autoridade julgadora eleita pelas partes sem natureza jurisdicional precisa da cooperação dos órgãos do Poder Judiciários para fazer cumprir suas decisões ou mesmo praticar determinados atos.

O árbitro não integra um órgão de poder, de modo que torna-se necessário que ele busque o órgão do Poder Judiciário para que pratique ou determine o cumprimento de determinado ato.

Tendo em vista que a norma fundamental do artigo 3º do Novo Código de Processo Civil privilegia a resolução heterocompositiva do conflito com maior conteúdo consensual em relação à solução com menor conteúdo consensual, para a efetividade prática da norma é necessário um instrumento de comunicação próprio entre o árbitro e o juiz, tarefa esta cumprida pelo artigo 237, que regula a carta arbitral.

Os artigos 260 e 267 do Novo Código de Processo Civil complementam a regra do artigo 237 trazendo os requisitos da carta arbitral e as hipóteses de recusa de cumprimento pelo juiz, que se assemelham à carta de ordem, precatória e rogatória, abaixo:

> Art. 260. São requisitos das cartas de ordem, precatória e rogatória:

I - a indicação dos juízes de origem e de cumprimento do ato;

II - o inteiro teor da petição, do despacho judicial e do instrumento do mandato conferido ao advogado;

III - a menção do ato processual que lhe constitui o objeto;

IV - o encerramento com a assinatura do juiz.

§ 1º O juiz mandará trasladar para a carta quaisquer outras peças, bem como instruí-la com mapa, desenho ou gráfico, sempre que esses documentos devam ser examinados, na diligência, pelas partes, pelos peritos ou pelas testemunhas.

§ 2º Quando o objeto da carta for exame pericial sobre documento, este será remetido em original, ficando nos autos reprodução fotográfica.

§ 3º A carta arbitral atenderá, no que couber, aos requisitos a que se refere o caput e será instruída com a convenção de arbitragem e com as provas da nomeação do árbitro e de sua aceitação da função.

Art. 267. O juiz recusará cumprimento a carta precatória ou arbitral, devolvendo-a com decisão motivada quando:

I - a carta não estiver revestida dos requisitos legais;

II - faltar ao juiz competência em razão da matéria ou da hierarquia;

III - o juiz tiver dúvida acerca de sua autenticidade.

Parágrafo único. No caso de incompetência em razão da matéria ou da hierarquia, o juiz deprecado, conforme o ato a ser praticado, poderá remeter a carta ao juiz ou ao tribunal competente.

O artigo 260 por sua vez regulamenta a carta arbitral como um instrumento de comunicação remetido pelo árbitro ao juiz, não como um instrumento de comunicação do juiz com o árbitro.

O artigo 267 é claro em demonstrar que o juiz não é auxiliar do árbitro quando recebe carta arbitral, mas exerce sua função jurisdicional, podendo inclusive recusar o cumprimento da carta.

O próximo dispositivo sob análise é o artigo 337, NCPC, localizado na parte especial, Livro I - Do Processo de Conhecimento e do Cumprimento de Sentença, Título I - Do Procedimento Comum, Capítulo VI - Da Contestação, abaixo:

> Art. 337. Incumbe ao réu, antes de discutir o mérito, alegar:
> I - inexistência ou nulidade da citação;
> II - incompetência absoluta e relativa;
> III - incorreção do valor da causa;
> IV - inépcia da petição inicial;
> V - perempção;
> VI - litispendência;
> VII - coisa julgada;
> VIII - conexão;
> IX - incapacidade da parte, defeito de representação ou falta de autorização;
> X - convenção de arbitragem;

XI - ausência de legitimidade ou de interesse processual;

XII - falta de caução ou de outra prestação que a lei exige como preliminar;

XIII - indevida concessão do benefício de gratuidade de justiça.

§ 1º Verifica-se a litispendência ou a coisa julgada quando se reproduz ação anteriormente ajuizada.

§ 2º Uma ação é idêntica a outra quando possui as mesmas partes, a mesma causa de pedir e o mesmo pedido.

§ 3º Há litispendência quando se repete ação que está em curso.

§ 4º Há coisa julgada quando se repete ação que já foi decidida por decisão transitada em julgado.

§ 5º Excetuadas a convenção de arbitragem e a incompetência relativa, o juiz conhecerá de ofício das matérias enumeradas neste artigo.

§ 6º A ausência de alegação da existência de convenção de arbitragem, na forma prevista neste Capítulo, implica aceitação da jurisdição estatal e renúncia ao juízo arbitral.

Este dispositivo impõe um dever processual do réu quanto às suas alegações e comina uma consequência jurídica para a sua violação. Pelo artigo 337, o réu deve alegar a existência da convenção de arbitragem antes de discutir o mérito da demanda. Se o réu não cumprir este dever processual, é cominado o efeito jurídico de tornar a convenção de arbitragem sem eficácia, implicando aceitação da jurisdição estatal e renúncia ao juízo arbitral.

Neste dispositivo percebe-se que a convenção de arbitragem não significa renúncia ao direito de ação perante o Judiciário, tanto que o réu pode renunciar ao juízo arbitral, contudo, de modo diverso, a aceitação da jurisdição estatal significa renúncia ao juízo arbitral.

Esta regra concretiza o princípio do acesso ao Judiciário previsto no artigo 5º da Constituição Federal "XXXV - a lei não excluirá da apreciação do Poder Judiciário lesão ou ameaça a direito", ao mesmo passo que enfatiza a característica da substitutividade da jurisdição.

O caráter substitutivo da jurisdição significa que o Estado-Juiz substitui a atividade e vontade das partes no que tange à solução do litígio, quem define o resultado é o juiz, não as partes (CINTRA, GRINOVER e DINAMARCO, 2012, p. 156).

Deste modo, embora as partes tenham convencionado a arbitragem, diante de sua inércia processual em apresentar o fato ao juiz, o Estado substitui a vontade das partes e faz prevalecer a decisão estatal, a jurisdição estatal prevalece sobre o juízo arbitral.

A relação jurídica processual é composta basicamente por Estado, demandante e demandado, figurando as partes numa situação de sujeição ao Estado-Juiz, que exerce o poder jurisdicional (CINTRA, GRINOVER e DINAMARCO, 2012, p. 319).

Deste modo, embora o artigo 42 do Novo Código de Processo Civil imponha um limite à jurisdição, qual seja, respeitar o direito das partes de instituir o juízo arbitral, o artigo 337 complementa esta regra demonstrando o modo pelo qual o réu deve exercer este direito, comunicando ao Juízo a existência de convenção arbitral na contestação.

Devido à situação de sujeição do réu ao Estado-Juiz, sua omissão tem um efeito jurídico que reafirma a autoridade estatal sobre a vontade das partes, prevalece a jurisdição estatal.

O próximo dispositivo a ser analisado é o artigo 359, NCPC, localizado na parte especial, Livro I - Do Processo de Conhecimento e do Cumprimento de Sentença, Título I - Do Procedimento Comum, Capítulo XI - Da Audiência de Instrução e Julgamento, abaixo:

> Art. 359. Instalada a audiência, o juiz tentará conciliar as partes, independentemente do emprego anterior de outros métodos de solução consensual de conflitos, como a mediação e a arbitragem.

Como visto acima, a relação jurídica processual é composta basicamente por Estado, demandante e demandado, figurando as partes numa situação de sujeição ao Estado-Juiz.

Esta relação jurídica processual deve ser exercida de modo a concretizar a norma jurídica fundamental do artigo 3º do Novo Código de Processo Civil, que privilegia soluções de litígios com maior grau de consensualidade em relação a soluções com menor grau de consensualidade.

Deste modo, durante a audiência um primeiro dever do juiz é tentar conciliar as partes, de modo a privilegiar uma solução consensual. Embora na relação jurídica processual o juiz seja o sujeito detentor de maior poder jurídico, a jurisdição, este poder é sujeito a Lei, conforme o princípio do Estado Democrático de Direito.

Assim, para concretizar a norma fundamental da consensualidade, o juiz não se exime do seu dever apontando em sua decisão o fato de anterior insucesso de métodos de solução consensual de conflitos.

Importante ressaltar que o insucesso da arbitragem significa que o conflito não foi resolvido pela decisão do árbitro, não que a decisão do árbitro deva necessariamente ser nula como condição prévia de prestação da jurisdição.

O artigo não tem a finalidade de autorizar o juiz a conhecer de todo e qualquer conflito previamente submetido à arbitragem, mesmo porque a sentença arbitral faz coisa julgada. Contudo, se a coisa julgada arbitral não resolveu o conflito, cabe ao juiz buscar a conciliação na forma do artigo 359 do Novo Código de Processo Civil.

O próximo dispositivo a ser analisado é o artigo 485, NCPC, localizado na parte especial, Livro I - Do Processo de Conhecimento e do Cumprimento de Sentença, Título I - Do Procedimento Comum, Capítulo XIII - Da Sentença e da Coisa Julgada, abaixo:

> Art. 485. O juiz não resolverá o mérito quando:
> I - indeferir a petição inicial;
> II - o processo ficar parado durante mais de 1 (um) ano por negligência das partes;
> III - por não promover os atos e as diligências que lhe incumbir, o autor abandonar a causa por mais de 30 (trinta) dias;
> IV - verificar a ausência de pressupostos de constituição e de desenvolvimento válido e regular do processo;
> V - reconhecer a existência de perempção, de litispendência ou de coisa julgada;
> VI - verificar ausência de legitimidade ou de interesse processual;
> VII - acolher a alegação de existência de convenção de arbitragem ou quando o juízo arbitral reconhecer sua competência;
> VIII - homologar a desistência da ação;

IX - em caso de morte da parte, a ação for considerada intransmissível por disposição legal; e

X - nos demais casos prescritos neste Código.

§ 1º Nas hipóteses descritas nos incisos II e III, a parte será intimada pessoalmente para suprir a falta no prazo de 5 (cinco) dias.

§ 2º No caso do § 1o, quanto ao inciso II, as partes pagarão proporcionalmente as custas, e, quanto ao inciso III, o autor será condenado ao pagamento das despesas e dos honorários de advogado.

§ 3º O juiz conhecerá de ofício da matéria constante dos incisos IV, V, VI e IX, em qualquer tempo e grau de jurisdição, enquanto não ocorrer o trânsito em julgado.

§ 4º Oferecida a contestação, o autor não poderá, sem o consentimento do réu, desistir da ação.

§ 5º A desistência da ação pode ser apresentada até a sentença.

§ 6º Oferecida a contestação, a extinção do processo por abandono da causa pelo autor depende de requerimento do réu.

§ 7º Interposta a apelação em qualquer dos casos de que tratam os incisos deste artigo, o juiz terá 5 (cinco) dias para retratar-se.

O artigo 485 enumera as hipóteses de decisão terminativa, isto é, decisão que não resolve o mérito da lide, dentre elas: VII - quando o juiz acolher a alegação de existência de convenção de arbitragem ou quando o juízo arbitral reconhecer sua competência.

O inciso VII do artigo 485 distingue duas formas de comunicação da existência de convenção de arbitragem ao juiz, por alegação das partes ou por ato do árbitro. Enquanto a relação das partes com o juiz é marcada pela sujeição, a relação entre árbitro e juiz não pressupõe hierarquia de autoridades.

Portanto, caso o árbitro declare sua competência para julgar o litígio, deve o juiz optar pela solução que privilegia a consensualidade. Assim, ainda que o réu não tenha alegado na contestação a existência da convenção de arbitragem, o pronunciamento do árbitro quanto à sua competência pode ser um modo de levar o litígio ao juízo arbitral.

Durante a vigência do código anterior, Lei Federal nº 5.869, de 11 de Janeiro de 1973, havia controvérsia doutrinária se o magistrado poderia conhecer de ofício ou não a existência de convenção de arbitragem (BUENO, 2012, p. 384), extinguindo o processo sem resolução do mérito na forma do artigo 267, abaixo:

> Art. 267. Extingue-se o processo, sem resolução de mérito:
> I - quando o juiz indeferir a petição inicial;
> II - quando ficar parado durante mais de 1 (um) ano por negligência das partes;
> III - quando, por não promover os atos e diligências que lhe competir, o autor abandonar a causa por mais de 30 (trinta) dias;

IV - quando se verificar a ausência de pressupostos de constituição e de desenvolvimento válido e regular do processo;

V - quando o juiz acolher a alegação de perempção, litispendência ou de coisa julgada;

VI - quando não concorrer qualquer das condições da ação, como a possibilidade jurídica, a legitimidade das partes e o interesse processual;

VII - pela convenção de arbitragem;

IX - quando a ação for considerada intransmissível por disposição legal;

X - quando ocorrer confusão entre autor e réu;

XI - nos demais casos prescritos neste Código.

§ 1º O juiz ordenará, nos casos dos ns. II e III, o arquivamento dos autos, declarando a extinção do processo, se a parte, intimada pessoalmente, não suprir a falta em 48 (quarenta e oito) horas.

§ 2º No caso do parágrafo anterior, quanto ao nº II, as partes pagarão proporcionalmente as custas e, quanto ao nº III, o autor será condenado ao pagamento das despesas e honorários de advogado (art. 28).

§ 3º O juiz conhecerá de ofício, em qualquer tempo e grau de jurisdição, enquanto não proferida a sentença de mérito, da matéria constante dos ns. IV, V e VI; todavia, o réu que a não alegar, na primeira oportunidade em que lhe caiba falar nos autos, responderá pelas custas de retardamento.

§ 4º Depois de decorrido o prazo para a resposta, o autor não poderá, sem o consentimento do réu, desistir da ação.

O artigo 267 não enumerava no seu § 3º a existência de convenção de arbitragem como uma das matérias que o juiz deveria conhecer de ofício para extinguir o processo, sem resolução de mérito. Contudo, não obstante a interpretação gramatical do dispositivo havia controvérsia doutrinária sob a cognição de ofício.

O novo código pode encerrar a controvérsia jurídica a partir da redação do inciso VII que estipula a necessidade de provocação da jurisdição, que conhece do fato por alegação das partes ou comunicação do árbitro. Deste modo, a existência de convenção de arbitragem não é matéria que o juiz deveria conhecer de ofício para extinguir o processo, sem resolução de mérito.

Neste momento são analisados em conjunto dos dispositivos, os artigos 515 e 516 do Novo Código de Processo Civil, localizados na parte especial, Livro I - Do Processo de Conhecimento e do Cumprimento de Sentença, Título II - Do Cumprimento da Sentença, Capítulo I - Disposições Gerais, abaixo:

> Art. 515. São títulos executivos judiciais, cujo cumprimento dar-se-á de acordo com os artigos previstos neste Título:
> I - as decisões proferidas no processo civil que reconheçam a exigibilidade de obrigação de pagar quantia, de fazer, de não fazer ou de entregar coisa;
> II - a decisão homologatória de autocomposição judicial;

III - a decisão homologatória de autocomposição extrajudicial de qualquer natureza;

IV - o formal e a certidão de partilha, exclusivamente em relação ao inventariante, aos herdeiros e aos sucessores a título singular ou universal;

V - o crédito de auxiliar da justiça, quando as custas, emolumentos ou honorários tiverem sido aprovados por decisão judicial;

VI - a sentença penal condenatória transitada em julgado;

VII - a sentença arbitral;

VIII - a sentença estrangeira homologada pelo Superior Tribunal de Justiça;

IX - a decisão interlocutória estrangeira, após a concessão do exequatur à carta rogatória pelo Superior Tribunal de Justiça;

X - (VETADO).

§ 1º Nos casos dos incisos VI a IX, o devedor será citado no juízo cível para o cumprimento da sentença ou para a liquidação no prazo de 15 (quinze) dias.

§ 2º A autocomposição judicial pode envolver sujeito estranho ao processo e versar sobre relação jurídica que não tenha sido deduzida em juízo.

Art. 516. O cumprimento da sentença efetuar-se-á perante:

I - os tribunais, nas causas de sua competência originária;

II - o juízo que decidiu a causa no primeiro grau de jurisdição;

> III - o juízo cível competente, quando se tratar de sentença penal condenatória, de sentença arbitral, de sentença estrangeira ou de acórdão proferido pelo Tribunal Marítimo.
>
> Parágrafo único. Nas hipóteses dos incisos II e III, o exequente poderá optar pelo juízo do atual domicílio do executado, pelo juízo do local onde se encontrem os bens sujeitos à execução ou pelo juízo do local onde deva ser executada a obrigação de fazer ou de não fazer, casos em que a remessa dos autos do processo será solicitada ao juízo de origem.

Os dispositivos são responsáveis por especificar os títulos executivos que seguem o procedimento de execução denominado "cumprimento de sentença" pelo Novo Código de Processo Civil, discriminado quais títulos são exequíveis e perante qual juízo são executados.

O árbitro não tem autoridade para fazer cumprir suas decisões, por isso, para obter o cumprimento da sentença arbitral a parte deve acionar o juízo cível competente. Embora o artigo 515 qualifique a sentença arbitral como um título executivo judicial, não pretende significar que trata-se de título executivo oriundo do Judiciário, apenas que sua execução seguirá o procedimento denominado "cumprimento de sentença".

O "procedimento de cumprimento de sentença" se diferencia do "procedimento da execução fundada em título extrajudicial". Quando se fala em título executivo, pretende-se significar um documento que certifique um determinado direito passível de ser exigido perante o Judiciário.

A nomenclatura "judicial" e "extrajudicial" tem finalidade pragmática de designar o procedimento adequado para a execução, não para qualificar a natureza jurídica da sentença arbitral ou questões de maior relevância teórica.

O próximo dispositivo a ser analisado é o artigo 960, NCPC, localizado na parte especial, Livro III - Dos Processos nos Tribunais e dos Meios de Impugnação das Decisões Judiciais, Título I - Da Ordem dos Processos e dos Processos de Competência Originária dos Tribunais, Capítulo VI - Da Homologação de Decisão Estrangeira e da Concessão do Exequatur à Carta Rogatória, abaixo:

> Art. 960. A homologação de decisão estrangeira será requerida por ação de homologação de decisão estrangeira, salvo disposição especial em sentido contrário prevista em tratado.
> § 1º A decisão interlocutória estrangeira poderá ser executada no Brasil por meio de carta rogatória.
> § 2º A homologação obedecerá ao que dispuserem os tratados em vigor no Brasil e o Regimento Interno do Superior Tribunal de Justiça.

> § 3º A homologação de decisão arbitral estrangeira obedecerá ao disposto em tratado e em lei, aplicando-se, subsidiariamente, as disposições deste Capítulo.

Assim como a decisão judicial estrangeira é passível de homologação pela autoridade judiciária brasileira, o mesmo vale para a decisão arbitral estrangeira. Deste modo, a origem da sentença arbitral reflete no procedimento de seu cumprimento.

Uma sentença arbitral doméstica é cumprida como uma sentença doméstica, uma execução de sentença arbitral estrangeira pressupõe uma ação de homologação de decisão estrangeira.

O próximo dispositivo a ser analisado é o artigo 1.012, NCPC, localizado na parte especial, Livro III - Dos Processos nos Tribunais e dos Meios de Impugnação das Decisões Judiciais, Título II - Dos Recursos, Capítulo II - Da Apelação, abaixo:

> Art. 1.012. A apelação terá efeito suspensivo.
> § 1º Além de outras hipóteses previstas em lei, começa a produzir efeitos imediatamente após a sua publicação a sentença que:
> I - homologa divisão ou demarcação de terras;
> II - condena a pagar alimentos;

III - extingue sem resolução do mérito ou julga improcedentes os embargos do executado;

IV - julga procedente o pedido de instituição de arbitragem;

V - confirma, concede ou revoga tutela provisória;

VI - decreta a interdição.

§ 2º Nos casos do § 1o, o apelado poderá promover o pedido de cumprimento provisório depois de publicada a sentença.

§ 3º O pedido de concessão de efeito suspensivo nas hipóteses do § 1o poderá ser formulado por requerimento dirigido ao:

I - tribunal, no período compreendido entre a interposição da apelação e sua distribuição, ficando o relator designado para seu exame prevento para julgá-la;

II - relator, se já distribuída a apelação.

§ 4º Nas hipóteses do § 1º, a eficácia da sentença poderá ser suspensa pelo relator se o apelante demonstrar a probabilidade de provimento do recurso ou se, sendo relevante a fundamentação, houver risco de dano grave ou de difícil reparação.

O artigo 1.012 exclui o efeito suspensivo da sentença que julga procedente o pedido de instituição de arbitragem. Isso é uma opção política do Legislador, mas encontra-se adequação valorativa com a norma fundamental do artigo 3º que privilegia soluções consensuais.

Além disso, um dos motivos para a escolha da arbitragem é a celeridade do procedimento arbitral, que pode em muito ser atrasado pelo efeito suspensivo do recurso de apelação.

O próximo dispositivo a ser analisado é o artigo 1.061 do Novo Código de Processo Civil, localizado nas disposições finais e transitórias do livro complementar do código, abaixo:

> Art. 1.061. O § 3o do art. 33 da Lei no 9.307, de 23 de setembro de 1996 (Lei de Arbitragem), passa a vigorar com a seguinte redação: (Vigência)
> "Art. 33. ....
> ....
> § 3º A decretação da nulidade da sentença arbitral também poderá ser requerida na impugnação ao cumprimento da sentença, nos termos dos arts. 525 e seguintes do Código de Processo Civil, se houver execução judicial." (NR)

Diferente de todos os outros dispositivos, este artigo específico não teve o condão de criar normas gerais de processo civil, mas alterar a Lei de Arbitragem. Isso se tornou necessário para adequar o procedimento de execução ao novo código, vez que o árbitro não tem autoridade para executar suas decisões.

Deste modo, pode o executado impugnar o cumprimento de sentença arbitral alegando nulidade da sentença arbitral, o que é importante vez que as matérias objeto de impugnação são restritas.

Chegado este ponto, foram analisados todos os 16 artigos do Novo Código de Processo Civil destinados a regrar a arbitragem, deste modo pode-se apreender um panorama geral do regramento do instituto arbitral pelo NCPC. Assim, a partir da análise artigo por artigo, podemos sintetizar as principais preocupações do Legislador com a arbitragem na Lei Federal 13.105, de 16 de março de 2015:

○ Duas foram as principais preocupações do Legislador com a arbitragem no Novo Código de Processo Civil, a primeira com finalidade mais valorativa, axiológica, qualificando a arbitragem como um método heterocompositivo de solução de conflitos com maior conteúdo consensual em relação à jurisdição estatal, portanto, deve ser incentivado pelo Estado.

○ A segunda preocupação foi pragmática, de cuidar da relação entre arbitragem e o processo civil, da interação entre a relação jurídica processual (Juiz, Demandante, Demandado) com a relação jurídica arbitral (Árbitro, Parte e Parte).

Além disso, podemos extrair as seguintes conclusões a respeito do instituto da arbitragem como regulado pelo NCPC:

- O artigo 3º estipula uma ordem objetiva de valores em matéria de solução conflitos, em que a consensualidade deve ser privilegiada sobre a substitutividade. De modo que cidadãos e o Estado devem cooperar para buscar primeiro a autocomposição direta (negociação), segundo a autocomposição assistida (mediação e conciliação), terceiro a arbitragem (heterocomposição com maior conteúdo consensual), quarto a jurisdição (heterocomposição com menor conteúdo consensual).

- Os artigos 42, 69, 189, 237, 260 e 267 regulamentam prioritariamente a relação jurídica entre árbitro e juiz, separando a autoridade de cada um de fixando o mecanismo de comunicação entre ambas autoridades, a carta arbitral.

- Os artigos 337, 359, 485, 515, 516, 960 e 1.012 regulamentam prioritariamente a relação jurídica entre as partes e o juiz em matéria de arbitragem, impondo o dever das partes comunicarem a existência de convenção, as consequências de sua inércia e os modos de execução da sentença arbitral doméstica ou estrangeira.

○ O artigo 1.061 alterou a Lei de Arbitragem para incluir a nulidade da sentença arbitral como matéria passível de impugnação ao cumprimento de sentença, de modo a adaptar a execução da sentença arbitral ao novo código.

Assim, restou cumprido o objetivo proposto de apresentar um panorama geral do regramento do instituto da arbitragem pelo Novo Código de Processo Civil, numa análise artigo por artigo.

Contudo, este panorama geral é apenas um passo inicial no aprofundamento do estudo sobre a arbitragem no Novo Código de Processo Civil, isso porque o NCPC incorporou ao processo comum que verse sobre direitos que admitam autocomposição um regime jurídico que guarda certas semelhanças com o instituto da arbitragem.

Por este motivo, a pesquisa se desenvolve numa comparação entre o regime jurídico da arbitragem e o regime jurídico do processo comum que admita autocomposição.

COMPARAÇÃO ENTRE O PROCESSO QUE ADMITA AUTOCOMPOSIÇÃO E O INSTITUTO ARBITRAGEM

O objetivo do capítulo é comparar o regime jurídico do processo que verse sobre direitos que admitam autocomposição previsto no Novo Código de Processo Civil e o regime jurídico da arbitragem previsto pela Lei nº 9.307, de 23 de setembro de 1996.

Enquanto no capítulo anterior enfatizou-se como o Novo Código de Processo Civil influenciou a arbitragem, no presente percebe-se como a arbitragem influenciou o Novo Código de Processo Civil, a partir do instituto do negócio jurídico processual e das convenções entre juiz, demandante e demandado.

Esta mútua influência entre processo civil e arbitragem já era objeto de estudo na doutrina, destacando-se a introdução da arbitragem na teoria geral do processo por Dinamarco (2013).

Contudo, levando em consideração que muito da produção acadêmica sobre a mútua influência entre processo civil e arbitragem foi publicada antes da vigência do Novo Código de Processo Civil, o presente capítulo pode contribuir para atualizar os estudos à nova realidade normativa.

Para cumprir o objetivo de comparar os regimes jurídicos do processo que admita autocomposição e o instituto da arbitragem o eixo metodológico é a comparação das respectivas leis.

Neste sentido, a tarefa a ser realizada é comparar relação jurídica processual como regulada pelo Lei n° 13.105/15 com a relação jurídica arbitral como regulada pela Lei n° 9.307/96.

De início são destacados os dispositivos legais do Novo Código de Processo Civil que serão objeto de comparação com a Lei de Arbitragem, tratam-se dos artigos 190, 191 e 357, abaixo:

> Art. 190. Versando o processo sobre direitos que admitam autocomposição, é lícito às partes plenamente capazes estipular mudanças no procedimento para ajustá-lo às especificidades da causa e convencionar sobre os seus ônus, poderes, faculdades e deveres processuais, antes ou durante o processo.
> Parágrafo único. De ofício ou a requerimento, o juiz controlará a validade das convenções previstas neste artigo, recusando-lhes aplicação somente nos casos de nulidade ou de inserção abusiva em contrato de adesão ou em que alguma parte se encontre em manifesta situação de vulnerabilidade.

Art. 191. De comum acordo, o juiz e as partes podem fixar calendário para a prática dos atos processuais, quando for o caso.

§ 1º O calendário vincula as partes e o juiz, e os prazos nele previstos somente serão modificados em casos excepcionais, devidamente justificados.

§ 2º Dispensa-se a intimação das partes para a prática de ato processual ou a realização de audiência cujas datas tiverem sido designadas no calendário.

Art. 357. Não ocorrendo nenhuma das hipóteses deste Capítulo, deverá o juiz, em decisão de saneamento e de organização do processo:

I - resolver as questões processuais pendentes, se houver;

II - delimitar as questões de fato sobre as quais recairá a atividade probatória, especificando os meios de prova admitidos;

III - definir a distribuição do ônus da prova, observado o art. 373;

IV - delimitar as questões de direito relevantes para a decisão do mérito;

V - designar, se necessário, audiência de instrução e julgamento.

§ 1º Realizado o saneamento, as partes têm o direito de pedir esclarecimentos ou solicitar ajustes, no prazo comum de 5 (cinco) dias, findo o qual a decisão se torna estável.

§ 2º As partes podem apresentar ao juiz, para homologação, delimitação consensual das questões de fato e de direito a que se referem os incisos II e IV, a qual, se homologada, vincula as partes e o juiz.

§ 3º Se a causa apresentar complexidade em matéria de fato ou de direito, deverá o juiz designar audiência para que o saneamento seja feito em cooperação com as partes, oportunidade em que o juiz, se for o caso, convidará as partes a integrar ou esclarecer suas alegações.

§ 4º Caso tenha sido determinada a produção de prova testemunhal, o juiz fixará prazo comum não superior a 15 (quinze) dias para que as partes apresentem rol de testemunhas.

§ 5º Na hipótese do § 3o, as partes devem levar, para a audiência prevista, o respectivo rol de testemunhas.

§ 6º O número de testemunhas arroladas não pode ser superior a 10 (dez), sendo 3 (três), no máximo, para a prova de cada fato.

§ 7º O juiz poderá limitar o número de testemunhas levando em conta a complexidade da causa e dos fatos individualmente considerados.

§ 8º Caso tenha sido determinada a produção de prova pericial, o juiz deve observar o disposto no art. 465 e, se possível, estabelecer, desde logo, calendário para sua realização.

§ 9º As pautas deverão ser preparadas com intervalo mínimo de 1 (uma) hora entre as audiências.

Em análise inicial, é possível perceber semelhanças entre as regras extraídas dos dispositivos acima e algumas características principais da arbitragem, tais como: flexibilidade procedimental, delimitação da matéria objeto do procedimento heterocompositivo (delimitação consensual das questões de fato e de direito) e vinculação de todos os sujeitos processuais às convenções.

Neste capítulo as comparações serão realizadas na seguinte ordem: Primeiro será comparado o negócio jurídico processual com a convenção de arbitragem, em segundo lugar a vinculação do juiz ao negócio com a vinculação do árbitro com a convenção e em terceiro lugar será comparado o grau de flexibilidade do procedimento civil com o procedimento arbitral.

Neste roteiro, compara-se inicialmente o negócio jurídico processual com a convenção de arbitragem:

A primeira semelhança entre o negócio jurídico processual e a convenção de arbitragem diz respeito aos requisitos subjetivos para sua celebração: as pessoas devem ser plenamente capazes.

A primeira diferença entre o negócio jurídico processual e a convenção de arbitragem diz respeito à controvérsia jurídica motivadora do conflito, a Lei de Arbitragem exige que trate-se de litígio relativo a direitos patrimoniais disponíveis, o Novo Código de Processo Civil exige que trate-se de litígio que admita autocomposição. Neste contexto, é necessário aprofundar a diferença entre "litígio relativo a direitos patrimoniais disponíveis" e "litígio que admite autocomposição".

Para estabelecer esta diferenciação com maior clareza conceitual interessa recorrer ao artigo 3º da Lei de Mediação, abaixo:

Art. 3º Pode ser objeto de mediação o conflito que verse sobre direitos disponíveis ou sobre direitos indisponíveis que admitam transação.

§ 1º A mediação pode versar sobre todo o conflito ou parte dele.

§ 2º O consenso das partes envolvendo direitos indisponíveis, mas transigíveis, deve ser homologado em juízo, exigida a oitiva do Ministério Público.

Pela interpretação sistemática do NCPC, Lei de Arbitragem e o dispositivo acima, depreende-se que admitem autocomposição litígios envolvendo direitos indisponíveis, mas transigíveis, por outro lado, admitem heterocomposição por arbitragem direitos patrimoniais disponíveis.

Assim, a autocomposição é um gênero de solução consensual de controvérsias que alcança tanto litígios a respeito de direitos indisponíveis, quanto disponíveis. Deste modo, a abrangência do litígio que admita autocomposição é maior que a abrangência de litígio relativo a direitos patrimoniais disponíveis. Donde se conclui que o processo que admite negócio jurídico processual alcança uma categoria maior de conflitos que a arbitragem.

Além disso, o negócio jurídico processual pode ser relativo a conflitos sem natureza patrimonial, mas de direito pessoal, questões de família ou provimento meramente declaratórios. Deste modo, o âmbito de alcance do processo que admita autocomposição é maior que o âmbito de alcance da arbitragem.

Uma segunda diferença entre o negócio jurídico processual e a convenção de arbitragem diz respeito ao conteúdo material das cláusulas convencionáveis. Veja-se o conteúdo da convenção de arbitragem previsto na Lei de Arbitragem:

> Art. 10. Constará, obrigatoriamente, do compromisso arbitral:
> I - o nome, profissão, estado civil e domicílio das partes;
> II - o nome, profissão e domicílio do árbitro, ou dos árbitros, ou, se for o caso, a identificação da entidade à qual as partes delegaram a indicação de árbitros;
> III - a matéria que será objeto da arbitragem; e
> IV - o lugar em que será proferida a sentença arbitral.
>
> Art. 11. Poderá, ainda, o compromisso arbitral conter:
> I - local, ou locais, onde se desenvolverá a arbitragem;
> II - a autorização para que o árbitro ou os árbitros julguem por eqüidade, se assim for convencionado pelas partes;
> III - o prazo para apresentação da sentença arbitral;
> IV - a indicação da lei nacional ou das regras corporativas aplicáveis à arbitragem, quando assim convencionarem as partes;
> V - a declaração da responsabilidade pelo pagamento dos honorários e das despesas com a arbitragem; e

VI - a fixação dos honorários do árbitro, ou dos árbitros.

Parágrafo único. Fixando as partes os honorários do árbitro, ou dos árbitros, no compromisso arbitral, este constituirá título executivo extrajudicial; não havendo tal estipulação, o árbitro requererá ao órgão do Poder Judiciário que seria competente para julgar, originariamente, a causa que os fixe por sentença.

Em relação ao conteúdo semelhante do negócio jurídico processual e o compromisso arbitral pode-se indicar: (1) a qualificação das partes; (2) a definição de calendário para a prática de atos; (3) distribuição das custas do procedimento; (4) delimitação da matéria de fato que é objeto do conflito.

Em relação ao conteúdo diverso entre negócio jurídico processual e o compromisso arbitral pode-se indicar: (1) no negócio jurídico processual não é possível escolher a autoridade julgadora, o juiz natural é indicado por normas legais; no compromisso arbitral as partes podem escolher o árbitro; (2) no negócio jurídico processual não é possível escolher o direito material aplicável à resolução do conflito, nem escolher que se julgue por equidade; escolhas possíveis no compromisso arbitral; (3) no negócio jurídico processual é possível estipular-se antes do processo o foro de eleição, embora de forma menos livre como é a escolha do lugar da arbitragem e o lugar da sentença arbitral; (4) no negócio jurídico processual as partes podem consensualmente delimitar as questões de fato sobre as quais recairá a atividade probatória, especificando os meios de prova admitidos, definir a distribuição do ônus da prova e delimitar as questões de direito relevantes para a decisão do mérito; na compromisso arbitral estas convenções podem ser realizadas, embora não sejam próprias ao procedimento arbitral, mas elaboradas no contexto de processo judicial.

Assim, o conteúdo material das cláusulas convencionáveis no negócio jurídico processual é menor que o o conteúdo material das cláusulas convencionáveis na convenção de arbitragem.

Feita a comparação entre o negócio jurídico processual com a convenção de arbitragem, compara-se a vinculação do juiz ao negócio com a vinculação do árbitro com a convenção:

No capítulo anterior já foi informado que a relação jurídica processual é composta basicamente por Estado, demandante e demandado, figurando as partes numa situação de sujeição ao Estado-Juiz, que exerce o poder jurisdicional (CINTRA, GRINOVER e DINAMARCO, 2012, p. 319).

Para examinar de maneira mais aprofundada a vinculação do juiz ao negócio jurídico processual é necessário recordar algumas características gerais da função jurisdicional. A jurisdição é um poder, uma função e uma atividade (CINTRA, GRINOVER e DINAMARCO, 2012, p. 155). Enquanto poder, o órgão jurisdicional tem a capacidade de decidir imperativamente e impor suas decisões; enquanto função, o órgão jurisdicional funciona com a finalidade de pacificar conflitos através do processo por meio da aplicação do direito ao caso concreto; enquanto atividade, o órgão jurisdicional promove um complexo de atos do processo para exercer seu poder de acordo com sua função (Idem).

Além destas características gerais do conceito de jurisdição, é importante ressaltar alguns de seus princípios inerentes: o princípio da indelegabilidade, o princípio da inetivitabilidade e o princípio do juiz natural.

A indelegabilidade determina que não é possível delegar a função jurisdicional para outros órgãos estatais ou pessoas privadas, nem delegar a atribuição de uma autoridade judiciária a outra, de modo que o caso deva necessariamente estar vinculado ao seu juiz natural, previamente selecionado pelas normas constitucionais e legais (Idem, p. 163-164).

Isto significa que "...os órgãos que podem exercer a função jurisdicional, atuar jurisdicionalmente, são única e exclusivamente aqueles que a Constituição Federal cria e autoriza." (BUENO, 2011, p. 294)

A inetivitabilidade significa que a autoridade judicial atua independentemente da vontade das partes, que não podem evitar que sobre elas recaiam os resultados do processo ou contra elas se exerça a autoridade estatal (CINTRA, GRINOVER e DINAMARCO, 2012, p. 164). Em outras palavras, "...não é legítimo recusar-se à atividade jurisdicional a nenhum título. Desde que ela seja provocada (...) sua atuação e a imperatividade da solução daí decorrente é inevitável." (BUENO, 2011, p. 293).

Levando em consideração todas os atributos da jurisdição, passam a ser analisados cada um dos dispositivos que envolvem negócios jurídicos processuais:

O artigo 190 do Novo Código de Processo Civil confere ao juiz duas atribuições a respeito da convenção das partes a respeito de mudanças no procedimento e dos deveres processuais das partes no processo: (1) o controle de validade; (2) recusa de aplicação nas hipóteses de nulidade; inserção abusiva em contrato de adesão ou em que alguma parte se encontre em manifesta situação de vulnerabilidade.

Levando em consideração que o negócio jurídico processual é uma espécie de negócio jurídico, é importante relembrar os requisitos de validade dos negócios jurídicos em geral e as hipóteses nulidade nos negócios jurídicos estipulados no Código Civil, abaixo os respectivos dispositivos:

> Art. 104. A validade do negócio jurídico requer:

I - agente capaz;

II - objeto lícito, possível, determinado ou determinável;

III - forma prescrita ou não defesa em lei.

Art. 166. É nulo o negócio jurídico quando:

I - celebrado por pessoa absolutamente incapaz;

II - for ilícito, impossível ou indeterminável o seu objeto;

III - o motivo determinante, comum a ambas as partes, for ilícito;

IV - não revestir a forma prescrita em lei;

V - for preterida alguma solenidade que a lei considere essencial para a sua validade;

VI - tiver por objetivo fraudar lei imperativa;

VII - a lei taxativamente o declarar nulo, ou proibir-lhe a prática, sem cominar sanção.

Portanto, o controle de validade do negócio jurídico processual pode ser realizado além das hipóteses previstas no parágrafo único do artigo 190 do Novo Código de Processo Civil, incluindo as hipóteses dos artigos 104 e 105 do Código Civil.

A Lei Processual e a Lei Civil são semelhantes no que tange à capacidade, licitude e determinação do objeto e forma escrita. Contudo, a Lei Civil discrimina as seguintes hipóteses de nulidade não previstas na Lei Processual: (1) impossibilidade fática; (2) motivo determinante ilícito; (3) tiver por objetivo fraudar lei imperativa.

Deste modo, a Lei Civil complementa a Lei Processual para que o juiz possa realizar o controle de validade da convenção, sendo a consequência jurídica de eventual invalidade a ineficácia do negócio jurídico processual perante o juiz.

Por sua vez, o artigo 191 do Novo Código de Processo Civil autoriza que o juiz e as partes possam fixar calendário para a prática dos atos processuais, vinculando as partes e o juiz. Este dispositivo tem a finalidade de justificar que a convenção do calendário não tem a finalidade de fraudar na norma dos artigos 12 e 153, que impõe a preferência de andamento segundo a ordem cronológica das conclusões. Deste modo, quando um processo com calendário altera a ordem cronológica, a parte do outro processo não foi preterida.

Em relação ao artigo 357 do Novo Código de Processo Civil, a delimitação consensual das questões de fato e de direito relevantes para a obtenção de um resultado justo do processo, o juiz efetua o controle por homologação, que se homologar também fica o juiz vinculado.

Assim, podemos elaborar o seguinte panorama geral do grau de vinculação do juiz aos negócios jurídicos processuais: (1) vinculado se não houver invalidade na convenção sobre procedimento; (2) vinculado se homologado o calendário para prática de atos; (3) vinculado se homologada a delimitação consensual de questões de fato e de direito para resolução da lide.

A vinculação do árbitro à convenção de arbitragem é muito maior que a vinculação do juiz ao negócio jurídico processual. Abaixo os dispositivos da Lei de Arbitragem:

> Art. 19. Considera-se instituída a arbitragem quando aceita a nomeação pelo árbitro, se for único, ou por todos, se forem vários.
> § 1º Instituída a arbitragem e entendendo o árbitro ou o tribunal arbitral que há necessidade de explicitar questão disposta na convenção de arbitragem, será elaborado, juntamente com as partes, adendo firmado por todos, que passará a fazer parte integrante da convenção de arbitragem.
> § 2º A instituição da arbitragem interrompe a prescrição, retroagindo à data do requerimento de sua instauração, ainda que extinta a arbitragem por ausência de jurisdição.
>
> Art. 20. A parte que pretender argüir questões relativas à competência, suspeição ou impedimento do árbitro ou dos árbitros, bem como nulidade, invalidade ou ineficácia da convenção de arbitragem, deverá fazê-lo na primeira oportunidade que tiver de se manifestar, após a instituição da arbitragem.
> § 1º Acolhida a argüição de suspeição ou impedimento, será o árbitro substituído nos termos do art. 16 desta Lei, reconhecida a

incompetência do árbitro ou do tribunal arbitral, bem como a nulidade, invalidade ou ineficácia da convenção de arbitragem, serão as partes remetidas ao órgão do Poder Judiciário competente para julgar a causa.

§ 2º Não sendo acolhida a argüição, terá normal prosseguimento a arbitragem, sem prejuízo de vir a ser examinada a decisão pelo órgão do Poder Judiciário competente, quando da eventual propositura da demanda de que trata o art. 33 desta Lei.

Art. 32. É nula a sentença arbitral se:
I - for nula a convenção de arbitragem;
II - emanou de quem não podia ser árbitro;
III - não contiver os requisitos do art. 26 desta Lei;
IV - for proferida fora dos limites da convenção de arbitragem;
VI - comprovado que foi proferida por prevaricação, concussão ou corrupção passiva;
VII - proferida fora do prazo, respeitado o disposto no art. 12, inciso III, desta Lei; e
VIII - forem desrespeitados os princípios de que trata o art. 21, § 2º, desta Lei.

O árbitro é totalmente vinculado à convenção de arbitragem, tanto que é nula a sentença arbitral proferida fora dos limites da convenção de arbitragem. Por outro lado, não é nula a sentença do juiz que procedeu fora dos limites dos negócios jurídicos processuais, nem cabe agravo de instrumento pela parte para impugnar a violação do juízo, embora caiba agravo de instrumento da decisão que rejeita a alegação de convenção de arbitragem.

Enquanto o juiz pode recusar o cumprimento do negócio jurídico processual inválido e não é obrigado a homologar a proposta de calendário para a prática de atos processuais, por outro lado, em caso de invalidade da convenção de arbitragem deve o árbitro convoca as partes para juntamente com elas emendá-la, em adendo firmado por todos. Se o vício não for sanável, serão as partes encaminhadas s ao órgão do Poder Judiciário competente para julgar a causa. Além disso, é nula a sentença arbitral proferida fora do prazo legal de seis meses, diferentemente do ato processual fora do prazo praticado pelo juiz, que é válido.

Deste modo, percebe-se que o grau de vinculação do árbitro à convenção de arbitragem é maior que o grau de vinculação do juiz ao negócio jurídico processual, e a consequência jurídica do descumprimento da vontade das partes num caso é a invalidade da arbitragem, noutro caso não há sanção específica determinada pela Lei Processual.

Feita a comparação entre vinculações do juiz e árbitro com as convenções das partes, compara-se o grau de flexibilidade do procedimento civil com o procedimento arbitral:

O artigo 190 do Novo Código de Processo Civil autoriza mudanças no procedimento para ajustá-lo às especificidades da causa e convencionar sobre os seus ônus, poderes, faculdades e deveres processuais. Este dispositivo é comparado com o artigo 21 da Lei de Arbitragem, abaixo:

> Art. 21. A arbitragem obedecerá ao procedimento estabelecido pelas partes na convenção de arbitragem, que poderá reportar-se às regras de um órgão arbitral institucional ou entidade especializada, facultando-se, ainda, às partes delegar ao próprio árbitro, ou ao tribunal arbitral, regular o procedimento.
> § 1º Não havendo estipulação acerca do procedimento, caberá ao árbitro ou ao tribunal arbitral discipliná-lo.
> § 2º Serão, sempre, respeitados no procedimento arbitral os princípios do contraditório, da igualdade das partes, da imparcialidade do árbitro e de seu livre convencimento.
> § 3º As partes poderão postular por intermédio de advogado, respeitada, sempre, a faculdade de designar quem as represente ou assista no procedimento arbitral.
> § 4º Competirá ao árbitro ou ao tribunal arbitral, no início do procedimento, tentar a conciliação das partes, aplicando-se, no que couber, o art. 28 desta Lei.

Para compreender as mudanças no procedimento, primeiro é necessário entender o procedimento comum, isto é, o modelo geral de procedimento estipulado pelo Novo Código de Processo Civil, que aplica-se a todas as causas, e, subsidiariamente aos demais procedimentos especiais e ao processo de execução, conforme artigo 318, NCPC. A estrutura do procedimento comum é a seguinte:

1) Petição Inicial.
2) Exame de admissibilidade da Petição Inicial.
3) Julgamento liminar de improcedência ou ordem de citação do réu.
4) Audiência preliminar de autocomposição.
5) Resposta do réu.
6) Providências preliminares de saneamento.
7) Julgamento conforme o estado do processo.
8) Audiência de Instrução e Julgamento.
9) Sentença.
10) Cumprimento de sentença.

Esta estrutura genérica de procedimento foi elaborada para atender todas as causas, de modo que sua estrutura e fórmulas não pensam em pedidos específicos, mas foram delineadas para desenvolvimento em contraditório de toda e qualquer relação jurídica processual. Abaixo, para fins comparativos, apresentamos a estrutura do procedimento sumaríssimo da Lei dos Juizados Especiais Cíveis:

1) Petição Inicial.

2) Exame de admissibilidade da Petição Inicial e citação do réu.

3) Audiência de Instrução de Julgamento com resposta do réu.

4) Sentença.

5) Cumprimento de sentença.

Além de alterar a estrutura geral do procedimento, as partes podem convencionar a respeito do modo como determinados atos processuais podem ser praticados. Exemplifica-se abaixo:

A) Numa ação de responsabilidade civil por uso indevido da imagem alheia por se tratar de uma ação em que a maior discussão é a respeito dos fatos, as partes são especialmente preocupadas com a produção de provas e adequam o procedimento para que tenham maior controle sobre esta etapa processual. Neste contexto, os litigantes convencionam antes do início do processo o seguinte:

1) As partes por meio de seus advogados realizam atos pré-processuais de oitava de testemunhas e depoimentos pessoais, prova pericial e documental, de modo que toda a instrução probatória é documentada.

2) A Petição Inicial e a Contestação serão apresentadas em conjunto ao juiz, renunciando o autor ao direito de réplica, já na distribuição da ação,

instruída com a documentação da instrução probatória realizada perante os advogados

3) Examinada a admissibilidade da ação e a validade do negócio jurídico processual pelo juiz, deve ser designada audiência una de conciliação, saneamento e julgamento do processo, em que será prolatada a sentença de mérito, se condenatória necessariamente líquida, se condenatória ou de improcedência seja fixada a sucumbência de 20% do valor da causa nominal da petição inicial. Se a sentença não for proferida em audiência, as partes dão se por intimadas da decisão pela sua disponibilização nos autos de processo eletrônico.

B) Numa ação possessória de propriedade rural em que diversas famílias ocupem a fazenda objeto da controvérsia as partes convencionam antes do processo:

1) Em caso de decisão de reintegração de posse, o advogado das famílias ocupantes deve ser notificado com o prazo mínimo de dez dias úteis para que se cumpra a decisão, período o qual não será convocado o uso da força policial.

2) Em caso de decisão de mérito de julgamento improcedente da ação, o autor da ação deverá indenizar as famílias por dano moral coletivo pré-fixado em cinquenta mil reais.

C) Numa ação judicial já em curso, as partes e seus advogados convencionam durante o curso do processo:

1) Dispensam todas as intimações pessoais, bastando a intimação eletrônica do advogado da parte para que surtam efeitos as decisões, prazos ou para fins de documentação de ciência da decisão pela parte.

2) A parte perdedora pagará ao advogado da parte vencedora honorários advocatícios de 40% do valor da causa. Em caso de autocomposição, cada parte pagará o valor de 10% de honorários ao advogado da parte contrária.

Os exemplos acima servem para ilustrar que o objetivo do artigo 190 do Novo Código de Processo Civil não é apenas permitir a modificação das etapas do procedimento, mas também tem o objetivo de permitir convenções sobre atos das partes em geral e atos do juízo como um todo, ressalvado o controle judicial de invalidade.

Se o artigo 190 amplia a possibilidade de procedimentos judiciais para além daqueles abstratamente previstos em lei, por outro lado, o artigo 21 da Lei de Arbitragem confere às partes quase total liberdade de convenção procedimental, desde que preservados os princípios do contraditório, da igualdade das partes, da imparcialidade do árbitro e de seu livre convencimento.

Em regra, o procedimento arbitral não tem forma específica, o importante é que se respeito as garantias processuais mínimas do modelo constitucional de processo, que estão discriminadas no artigo 21 da Lei de Arbitragem.

Antes do Novo Código de Processo Civil faria sentido advogar a tese de que o procedimento é matéria de ordem pública, porém, com a introdução do artigo 190 do NCPC a matéria de ordem pública é a validade da convenção de procedimento, não o procedimento em si.

Deste modo, percebe-se que o grau de de flexibilidade do procedimento civil é menor que o do procedimento arbitral, e que a baliza jurídica para aferir a validade do procedimento voluntário na Lei Processual é a validade do negócio jurídico processual, a baliza na Lei Arbitral é a observância das garantias processuais constitucionais como contraditório, da igualdade das partes, da imparcialidade do árbitro e de seu livre convencimento.

Apresentados os três eixos principais de comparação entre o regime jurídico do processo que verse sobre direitos que admitam autocomposição previsto no Novo Código de Processo Civil e o regime jurídico da arbitragem previsto pela Lei nº 9.307/96, pode-se perceber as seguintes semelhanças e diferenças gerais de regramento:

O conteúdo material das cláusulas de negócio jurídico processual é mais restrito que as cláusulas de compromisso arbitral, principalmente porque (1) no negócio jurídico processual não é possível escolher a autoridade julgadora; (2) no negócio jurídico processual não é possível escolher o direito material aplicável à resolução do conflito, nem escolher que se julgue por equidade; escolhas possíveis no compromisso arbitral.

O grau de vinculação do árbitro à convenção de arbitragem é maior que o grau de vinculação do juiz ao negócio jurídico processual, e a consequência jurídica do descumprimento da vontade das partes num caso é a invalidade da arbitragem, noutro caso não há sanção específica determinada pela Lei Processual.

O grau de flexibilidade do procedimento civil é menor que o do procedimento arbitral, sendo a baliza jurídica para aferir a validade do procedimento voluntário na Lei Processual a validade do negócio jurídico processual, a baliza na Lei Arbitral é a observância das garantias processuais constitucionais como contraditório, da igualdade das partes, da imparcialidade do árbitro e de seu livre convencimento.

Levando em considerações estas semelhanças e diferenças, pode-se concluir o seguinte a respeito da comparação entre o processo civil que admita autocomposição e a arbitragem:

A relação jurídica processual não se identifica com a relação jurídica arbitral principalmente quanto ao critério da sujeição das partes à autoridade julgadora, o que fica bastante claro quando se compara o regime jurídico do processo que admita autocomposição e o instituto da arbitragem, comparando-se a relação jurídica processual como regulada pelo Lei nº 13.105/15 com a relação jurídica arbitral como regulada pela Lei nº 9.307/96.

Se por um lado é evidente a mútua influência entre o processo civil e arbitragem, por outro lado, não se pode igualar a função do juiz com a função do árbitro, nem a autoridade jurisdicional com a autoridade arbitral.

De fato, a característica da inevitabilidade da jurisdição estatal pode em certa medida ser percebida no instituto da arbitragem, mas somente a partir do momento em que o árbitro aceita a arbitragem e se declara competente para decidir o litígio. Memo assim, esta inevitabilidade está adstrita à convenção de arbitragem, que se desrespeitada pela sentença arbitral é causa de nulidade.

Na relação jurídica processual a sujeição das partes ao juiz tem como consequência em matéria de processo que admita autocomposição que a autoridade judiciária não homologue a seu juízo discricionário, mas motivado, a fixação do calendário para a prática de atos processuais e a delimitação consensual das questões de fato e de direito relevantes para a resolução de lide. Neste quesito, o árbitro é obrigado a seguir a convenção de arbitragem, que se incluir calendários e delimitações consensuais devem ser respeitadas, sob pena de nulidade da sentença arbitral.

Além disso, na relação jurídica processual a autoridade judiciária presta um serviço público, de modo que não pode prejudicar os outros jurisdicionados com processos sob sua competência, trata-se de uma relação de pessoas com o Estado, Poder Público, portanto, sempre há certo interesse da coletividade no modo como se encaminha o processo, o que, por exemplo, impede o sigilo de justiça por mera convenção das partes.

Na relação jurídica arbitral, desde que não envolvida a Administração Pública, as partes podem convencionar o sigilo de justiça, porque o árbitro não presta um serviço público em sentido estrito, embora sua atividade possa ser comparada com a natureza da atividade do advogado, que, no seu ministério privado presta serviço público e exerce função social.

Por todos estes motivos, após a comparação entre o regime jurídico do processo que admita autocomposição e o regime jurídico da arbitragem, não se pode concluir que a relação jurídica processual seja semelhante à relação jurídica arbitral.

Por isso, este capítulo além de cumprir seu objetivo de comparar o regime jurídico do processo que verse sobre direitos que admitam autocomposição previsto no Novo Código de Processo Civil e o regime jurídico da arbitragem previsto pela Lei nº 9.307/96, também tem por resultado constatar que a arbitragem não é um modo privado de prestação da jurisdição, porque, além de tratar-se de função indelegável, a sujeição das partes ao juiz não é idêntica à sujeição das partes ao árbitro.

A conclusão que se chega nesta etapa é que a finalidade dos artigos 190, 191 e 357 do Novo Código de Processo Civil não foi equiparar o juiz ao árbitro, mas, por outro lado, tornar juridicamente possível concretizar a norma fundamental do artigo 3º do NCPC, que privilegia a solução heterocompositiva de maior conteúdo consensual em relação à solução heterocompositiva de menor conteúdo consensual.

Por fim, percebe-se que a ordem objetiva do valor da consensualidade resulta no seguinte: O procedimento convencional deve ser privilegiado em relação ao procedimento abstratamente previsto em lei, devido ao maior conteúdo de consensualidade que lhe é inerente.

Contudo, na prática, as partes podem se tornar mais belicosas e desprivilegiar soluções mais consensuais, ou mesmo violar consensos anteriormente estabelecidos, o que torna necessário a atuação substitutiva da jurisdição.

Por este motivo, o próximo capítulo analisa as ações e exceções arbitrais no Novo Código de Processo Civil, isto é, aquelas ações relacionadas em seu mérito ou preliminarmente com o instituto da arbitragem.

CONCLUSÕES

Dois institutos jurídicos guardam semelhança quando há identidade ao menos parcial dos princípios e regras que lhes regem, é o caso do aval e da cessão de crédito, em que embora os conceitos sejam diversos, guarda-se até certo ponto dos princípios e regras regentes da matéria.

No primeiro capítulo, após uma análise de todos os dispositivos do Novo Código de Processo Civil ficou evidente que duas foram as principais preocupações do Legislador com a arbitragem, uma de ordem axiológica, outra de ordem pragmática. Ao passo que arbitragem foi valorada como um método heterocompositivo de solução de conflitos com maior conteúdo consensual em relação à jurisdição estatal, de outro modo foram criados mecanismos de interação e comunicação entre árbitros e os órgãos do Poder Judiciário.

No segundo capítulo, após uma comparação entre o procedimento mais maleável do Novo Código de Processo Civil com o procedimento arbitral ficaram evidentes diferenças substanciais, principalmente quando à natureza da relação processual, marcada pela sujeição à autoridade do juiz, e a natureza da relação arbitral, marcada pela vinculação à convenção das partes.

Se no Novo Código de Processo Civil é possível perceber influências do regramento da arbitragem na nova legislação processual civil, por outro lado, não houve equiparação entre juiz e árbitro nem delegação da função jurisdicional à pessoa privada.

Por tudo isso, conclui-se pela ausência de natureza jurisdicional da arbitragem no Novo Código de Processo Civil.

REFERÊNCIAS

BRASIL. LEI Nº 13.105, DE 16 DE MARÇO DE 2015. Novo Código de Processo Civil. Disponível em http://www.planalto.gov.br/ccivil_03/_ato2015-2018/2015/lei/l13105.htm, acessado em 29 de jul. 2017.

_____. LEI Nº 13.129, DE 26 DE MAIO DE 2015. Altera a Lei no 9.307, de 23 de setembro de 1996, e a Lei no 6.404, de 15 de dezembro de 1976, para ampliar o âmbito de aplicação da arbitragem e dispor sobre a escolha dos árbitros quando as partes recorrem a órgão arbitral, a interrupção da prescrição pela instituição da arbitragem, a concessão de tutelas cautelares e de urgência nos casos de arbitragem, a carta arbitral e a sentença arbitral, e revoga dispositivos da Lei no 9.307, de 23 de setembro de 1996. Disponível em http://www.planalto.gov.br/ccivil_03/_Ato2015-2018/2015/Lei/L13129.htm, acessado em 24 de jul. 2017.

_____. LEI Nº 9.307, DE 23 DE SETEMBRO DE 1996. Dispõe sobre a arbitragem. Disponível em http://www.planalto.gov.br/ccivil_03/LEIS/L9307.htm, acessado em 24 de jul. 2017.

_____. LEI Nº 5.869, DE 11 DE JANEIRO DE 1973. Código de Processo Civil. Disponível em http://www.planalto.gov.br/ccivil_03/leis/L5869.htm, acessado em 20 de nov. 2017.

_____. Conselho da Justiça Federal. I Jornada "Prevenção e Solução Extrajudicial de Litígios". Disponível em: <http://www.cjf.jus.br/cjf/corregedoria-da-justica-federal/centro-de-estudos-judiciarios-1/

publicacoes-1/cjf/corregedoria-da-justica-federal/centro-de-estudos-judiciarios-1/prevencao-e-solucao-extrajudicial-de litigios/?_authenticator=60c7f30ef0d8002d17dbe298563b6fa2849c6669>. Acesso em: 30 Out. 2017.

_____. Conselho Nacional de Justiça 2015. Guia de Conciliação e Mediação Judicial: orientação para instalação de CEJUSC. (Brasília/DF: Conselho Nacional de Justiça). Disponível em http://www.cnj.jus.br/files/conteudo/destaques/arquivo/2015/06/1818cc2847ca50273fd110eafdb8ed05.pdf, acessado em 20 de Nov. 2017.

_____. DECRETO-LEI N° 4.657, DE 4 DE SETEMBRO DE 1942. Lei de Introdução às normas do Direito Brasileiro. Disponível em http://www.planalto.gov.br/ccivil_03/decreto-lei/Del4657.htm, acessado em 21 nov. 2017.

_____. LEI COMPLEMENTAR N° 35, DE 14 DE MARÇO DE 1979. Dispõe sobre a Lei Orgânica da Magistratura Nacional. Disponível em http://www.planalto.gov.br/ccivil_03/leis/LCP/Lcp35.htm, acessado em 21 nov. 2017.

_____. LEI No 10.406, DE 10 DE JANEIRO DE 2002. Institui o Código Civil. Disponível em http://www.planalto.gov.br/ccivil_03/leis/2002/L10406compilada.htm, acessado em 21 nov. 2017.

_____. LEI Nº 9.099, DE 26 DE SETEMBRO DE 1995. Dispõe sobre os Juizados Especiais Cíveis e Criminais e dá outras providências. Disponível em http://www.planalto.gov.br/ccivil_03/leis/L9099.htm, acessado em 21 de nov. 2017.

BUENO, Cássio Scarpinella Bueno. Curso Sistematizado de Direito Processual Civil: procedimento comum: ordinário e sumário. v. 2, tomo I. 5ª ed. São Paulo: Saraiva, 2012.

_____. Curso Sistematizado de Direito Processual Civil: teoria geral do direito processual civil. v. 1. 5ª ed. São Paulo: Saraiva, 2011.

CINTRA, Antonio Carlos de Araújo; GRINOVER, Ada Pellegrini; DINAMARCO, Cândido Rangel. Teoria Geral do Processo. 28ª ed. São Paulo: Malheiros, 2012.

JUNIOR, Fredie Didier. A arbitragem no Novo Códigó de Processo Civil (versão da Câmara dos Deputados – Dep. Paulo Teixeira) Rev. TST, Brasília, vol. 79, n. 4, out/dez 2013. Disponível em https://juslaboris.tst.jus.br/bitstream/handle/1939/55987/004_didierjunior.pdf?sequence=1, acessado em 21 nov. 2017.

DINAMARCO, Cândido Rangel. A Arbitragem na Teoria Geral do Processo. São Paulo: Malheiros Editores, 2013.

GAJARDONI, Fernando da Fonseca. Flexibilidade Procedimental: novo enfoque para o estudo do procedimento em matéria processual. Tese de Doutorado. Faculdade de Direito da Universidade de São Paulo: 2007.

MAIA, Paulo Sávio Peixoto. Rudolf Smend e os direitos fundamentais como integração: esboço para uma crítica da fundação axiológica dos direitos. 2010. Disponível em http://esmec.tjce.jus.br/wp-content/uploads/2010/02/arquivo-3.pdf, acessado em 18 nov. 2017.

VAN OOYEN, Robert Chr. „Der Staat als Integration"? In: Integration. Die antidemokratische Staatstheorie von Rudolf Smend im politischen System der Bundesrepublik. 2014: Springer Fachmedien, Wiesbaden, p.1-34. Disponível em http://www.springer.com/978-3-658-03661-4, acessado em 18 nov. 2017.

www.ingramcontent.com/pod-product-compliance
Lightning Source LLC
Chambersburg PA
CBHW030454220526
45464CB00006B/2531